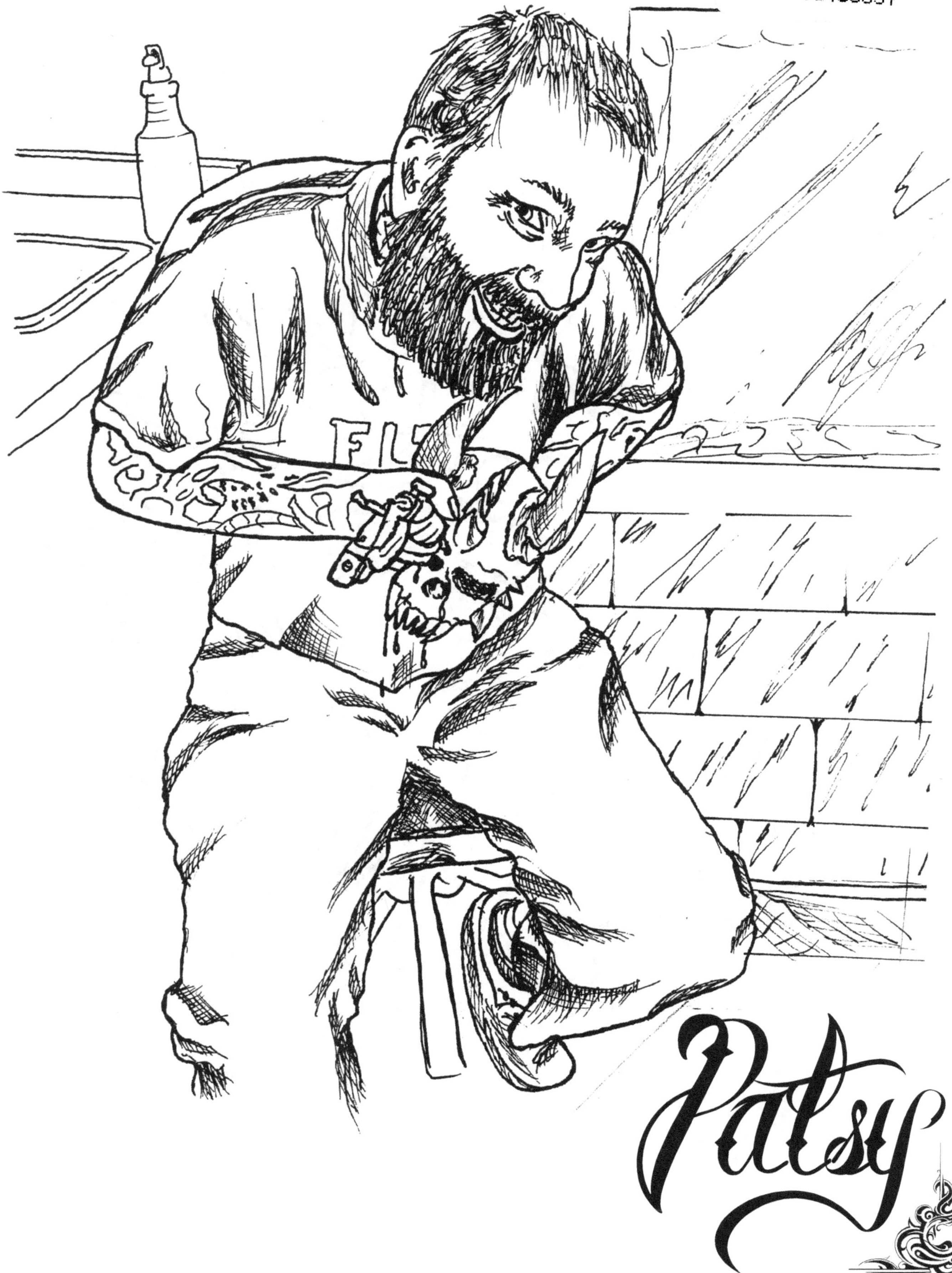

Patsy

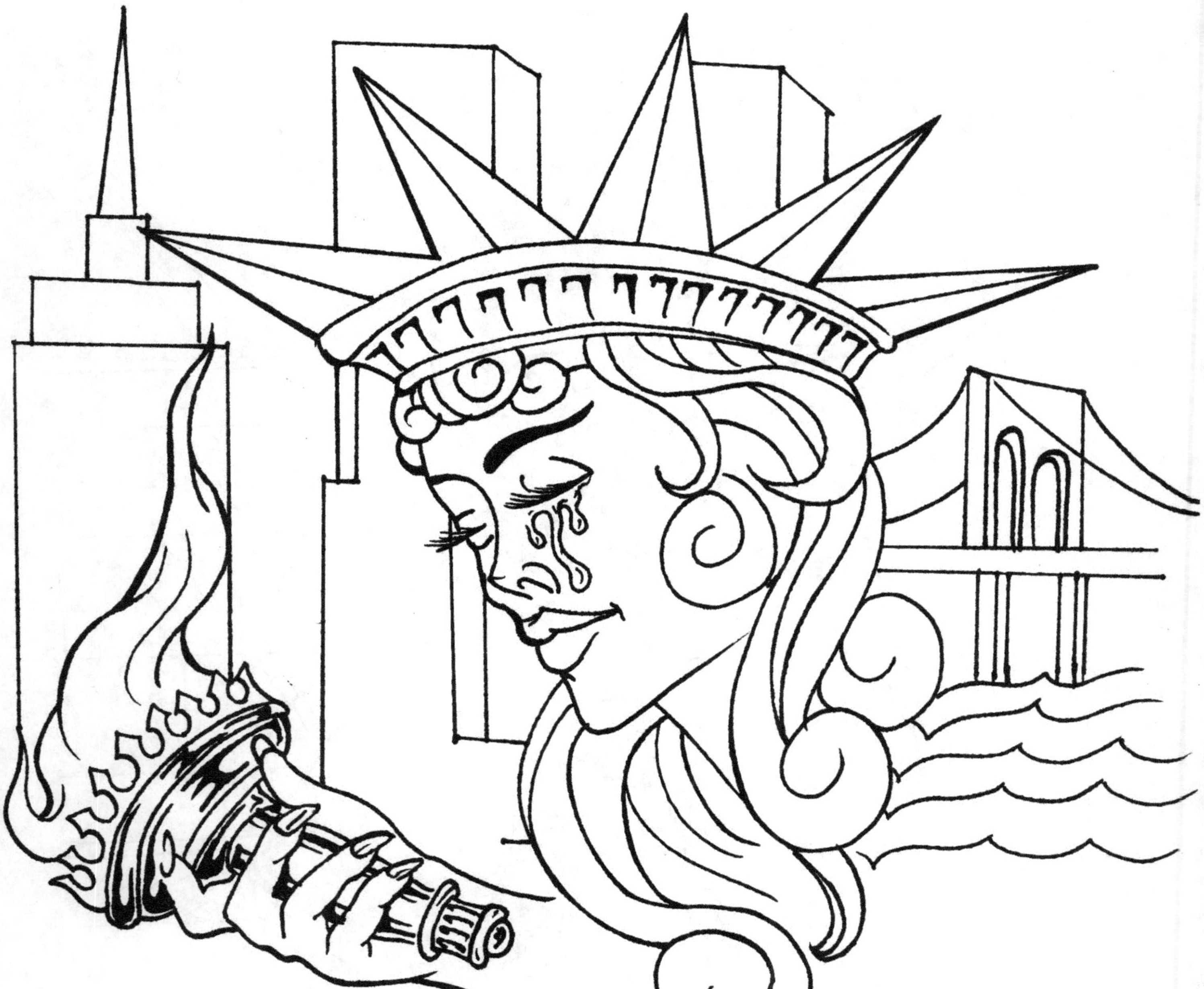

PATSY

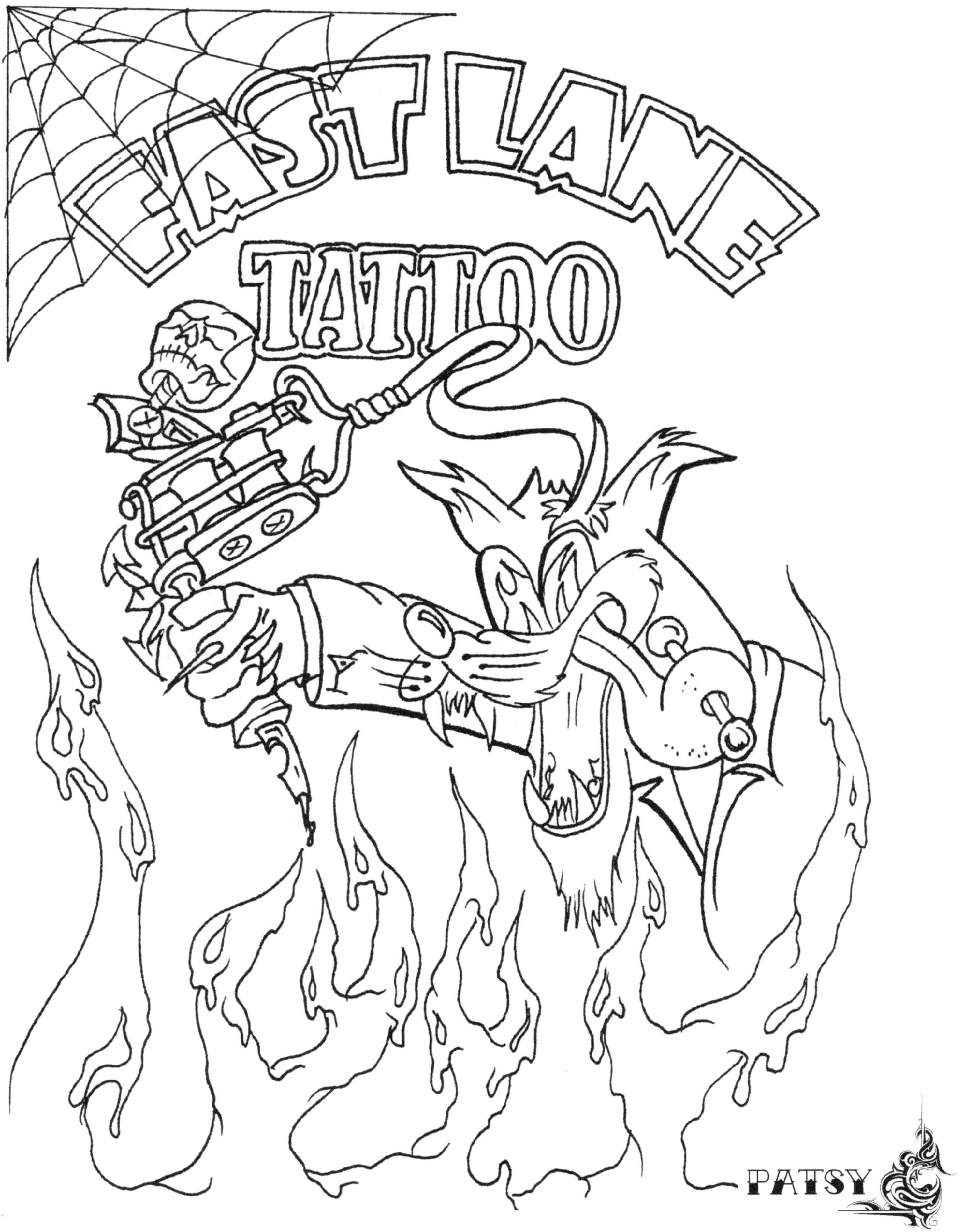
FAST LANE
TATTOO
PATSY

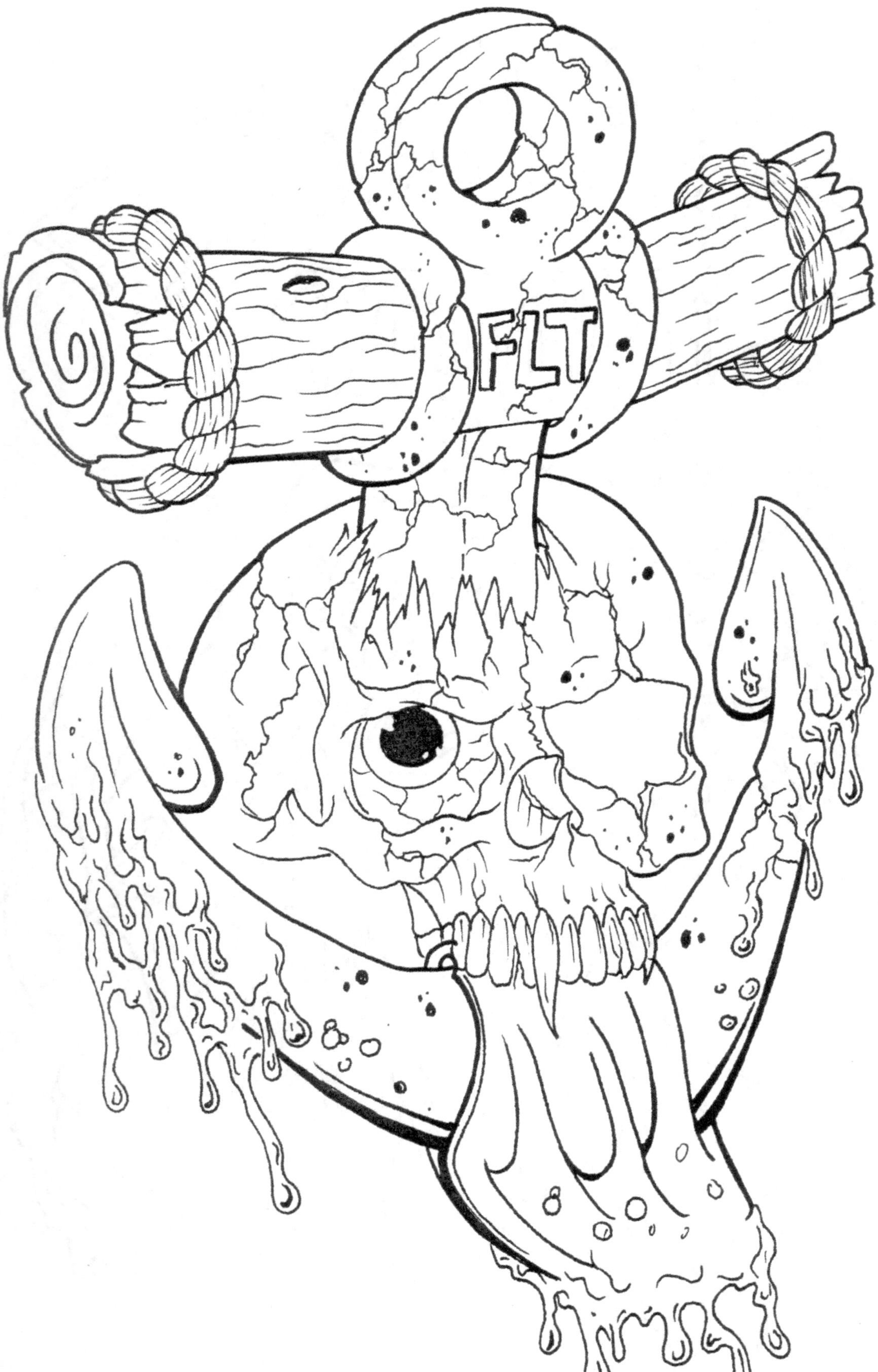

PATSY

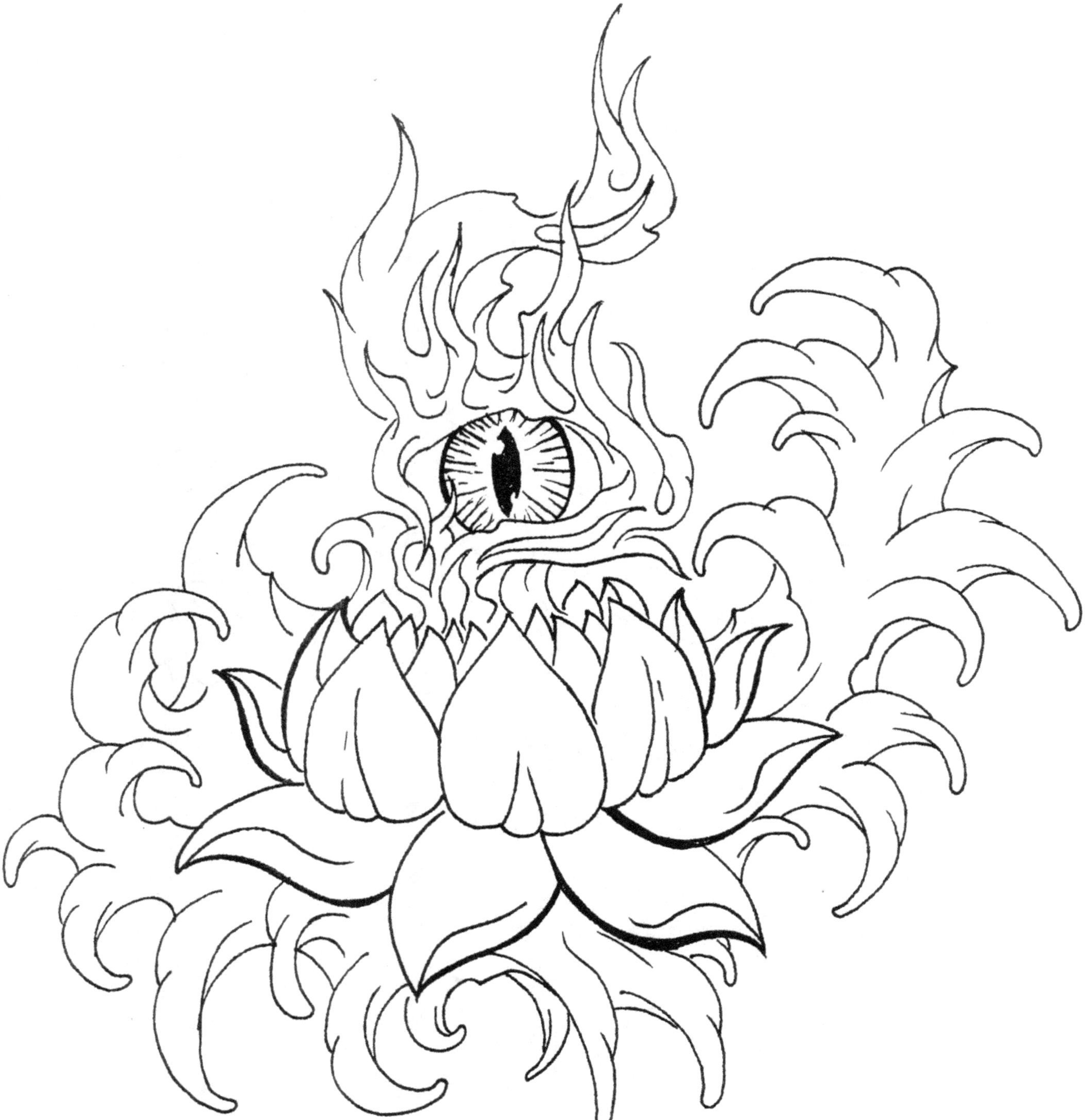

PATSY

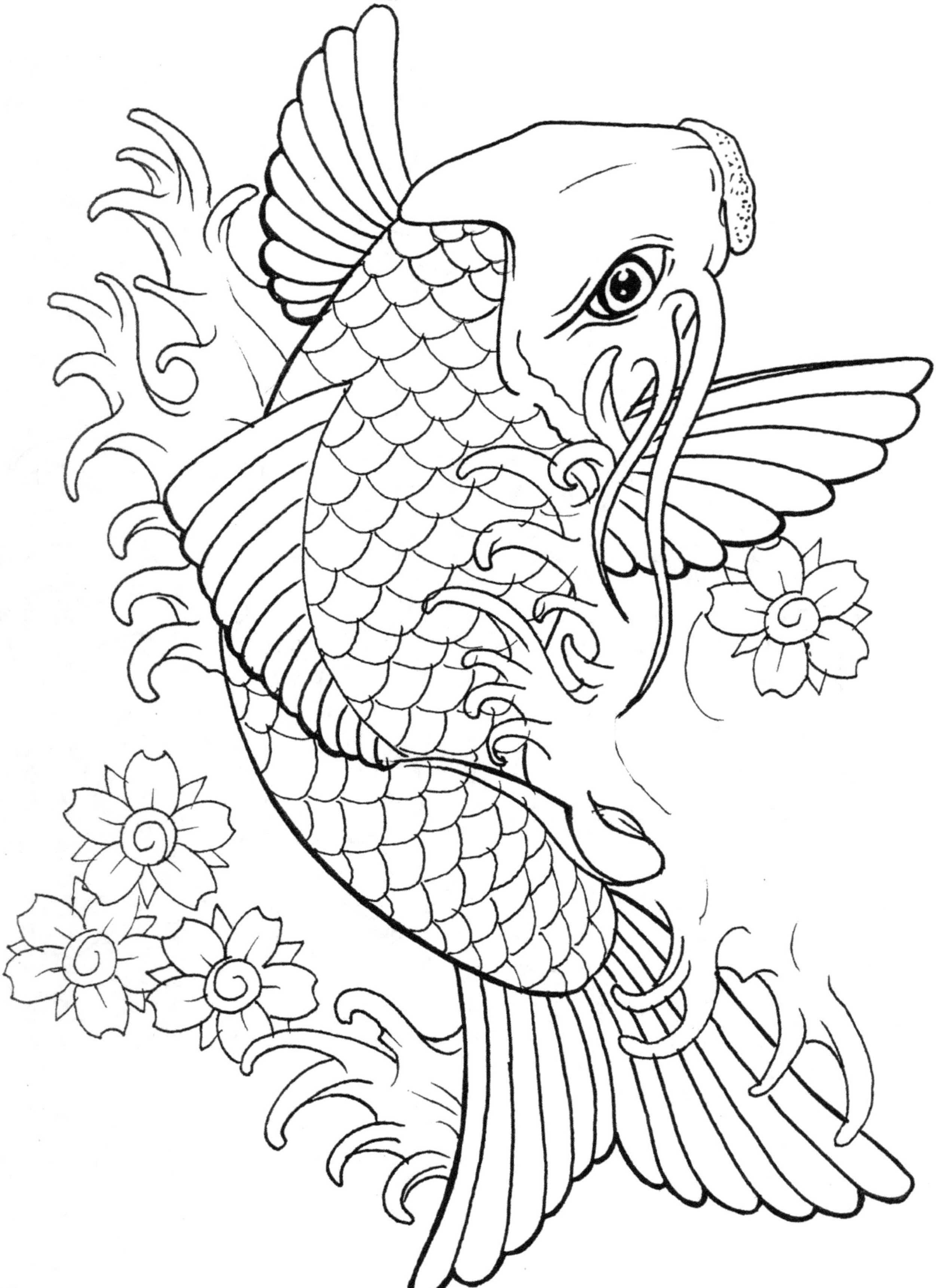

PATSY

Kate

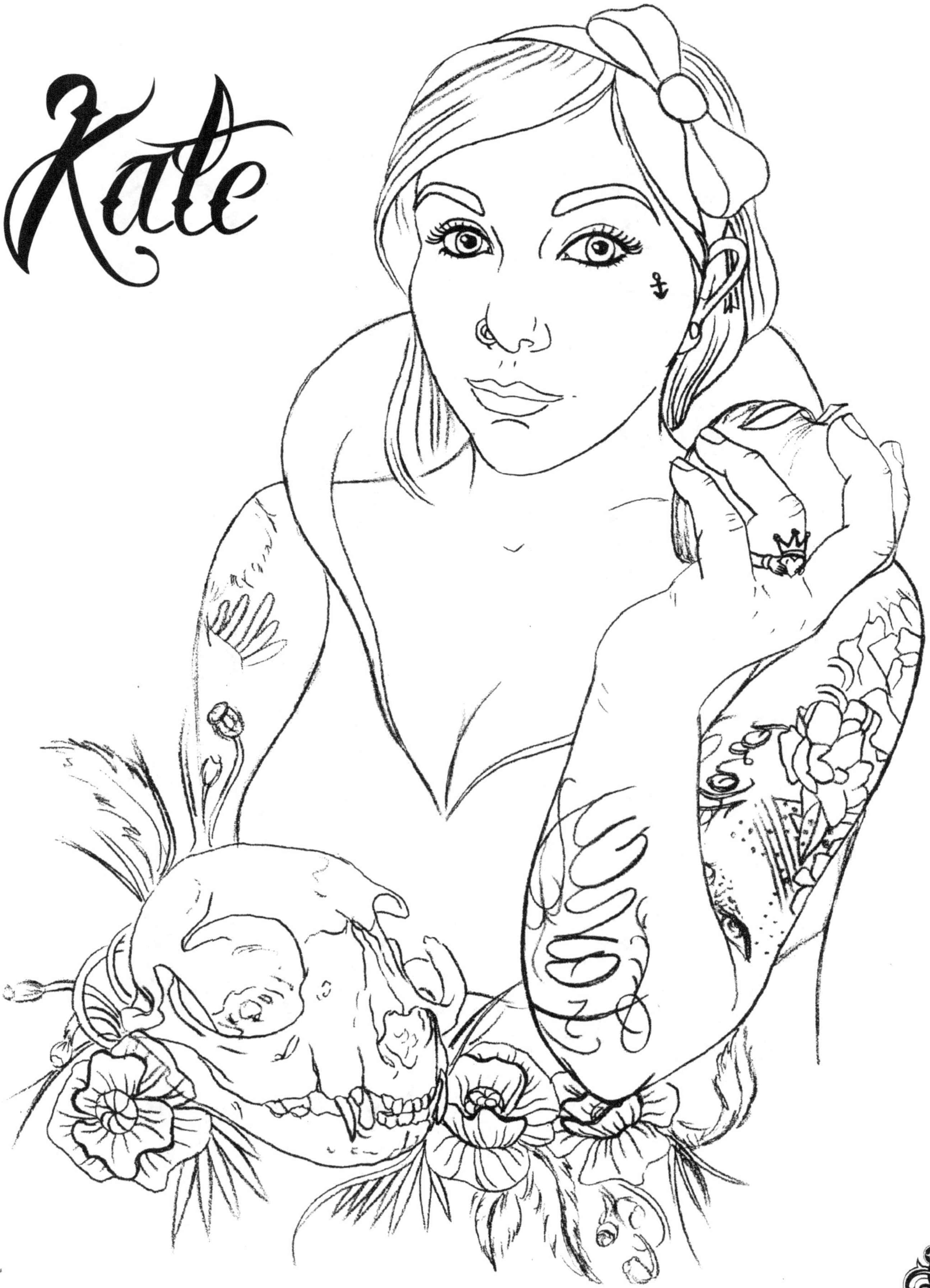

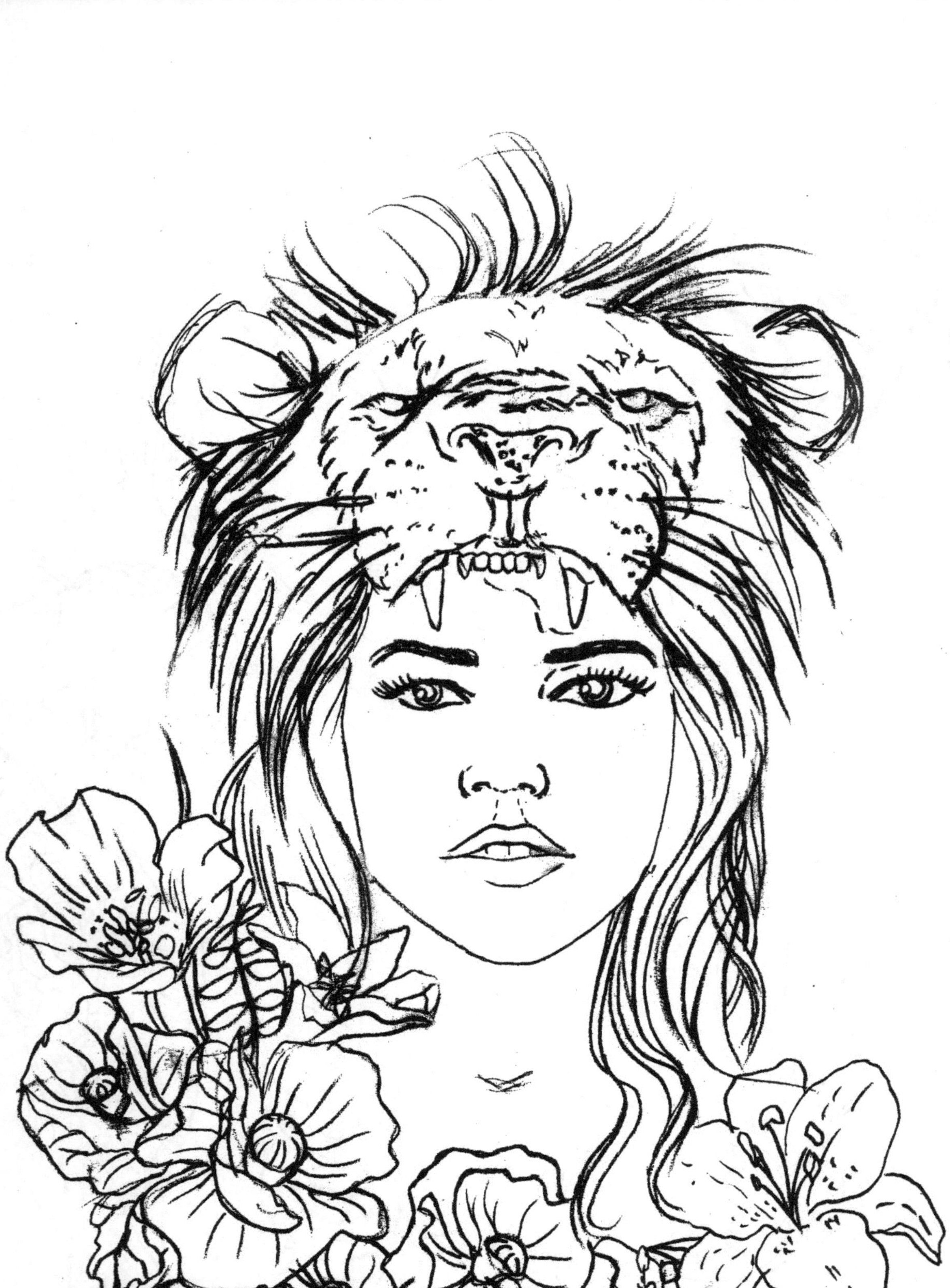

KATE

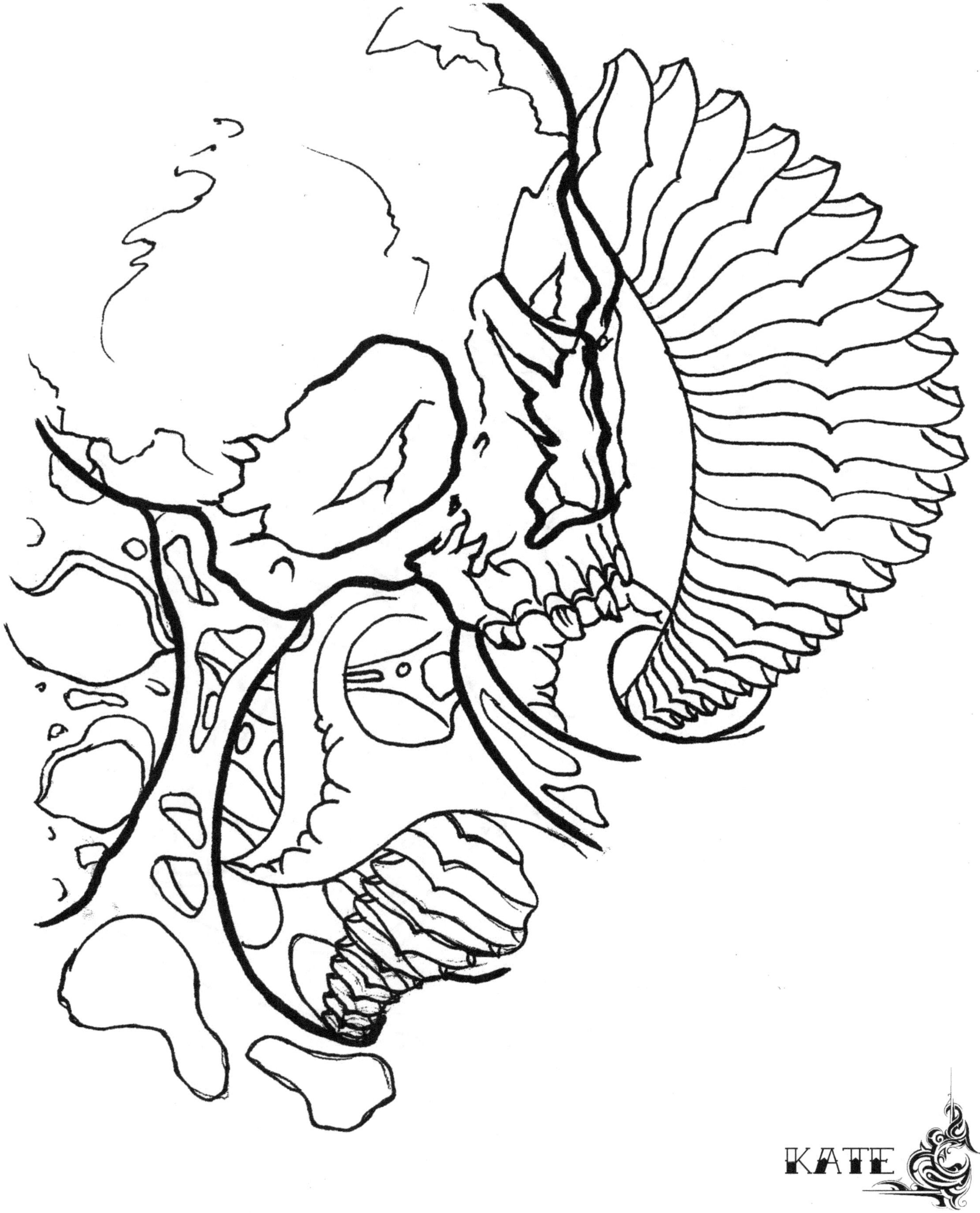

KATE

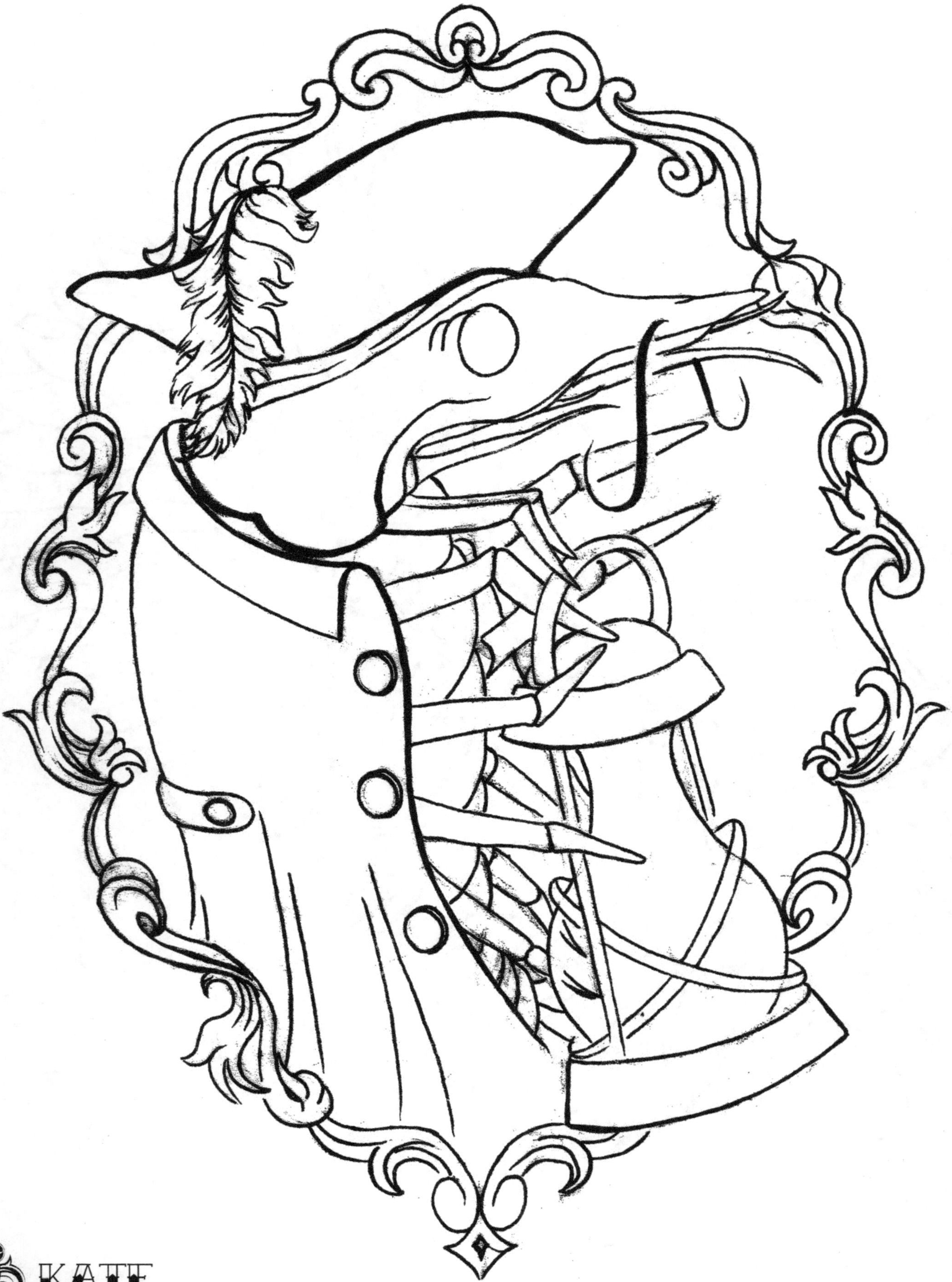

KATE

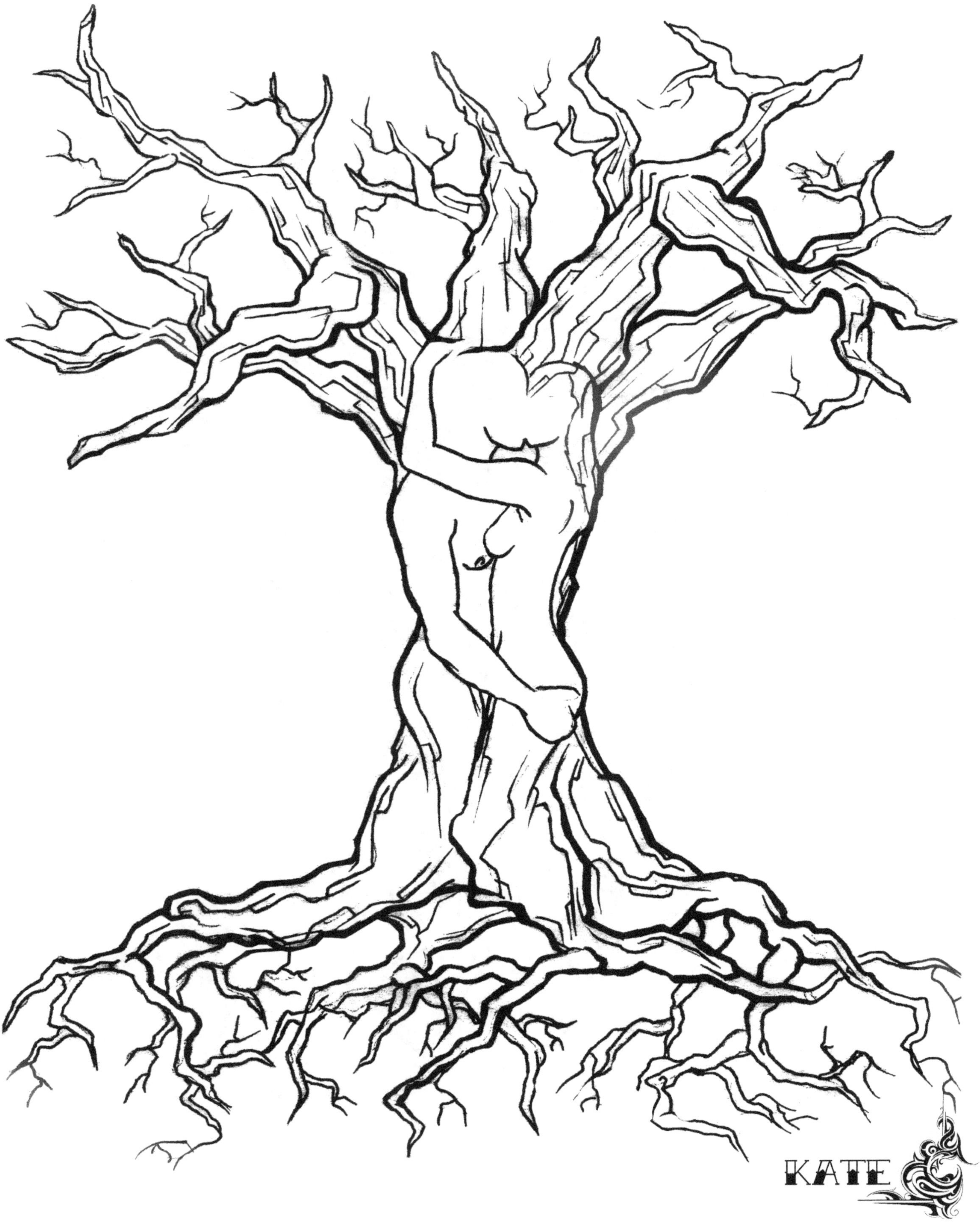
KATE

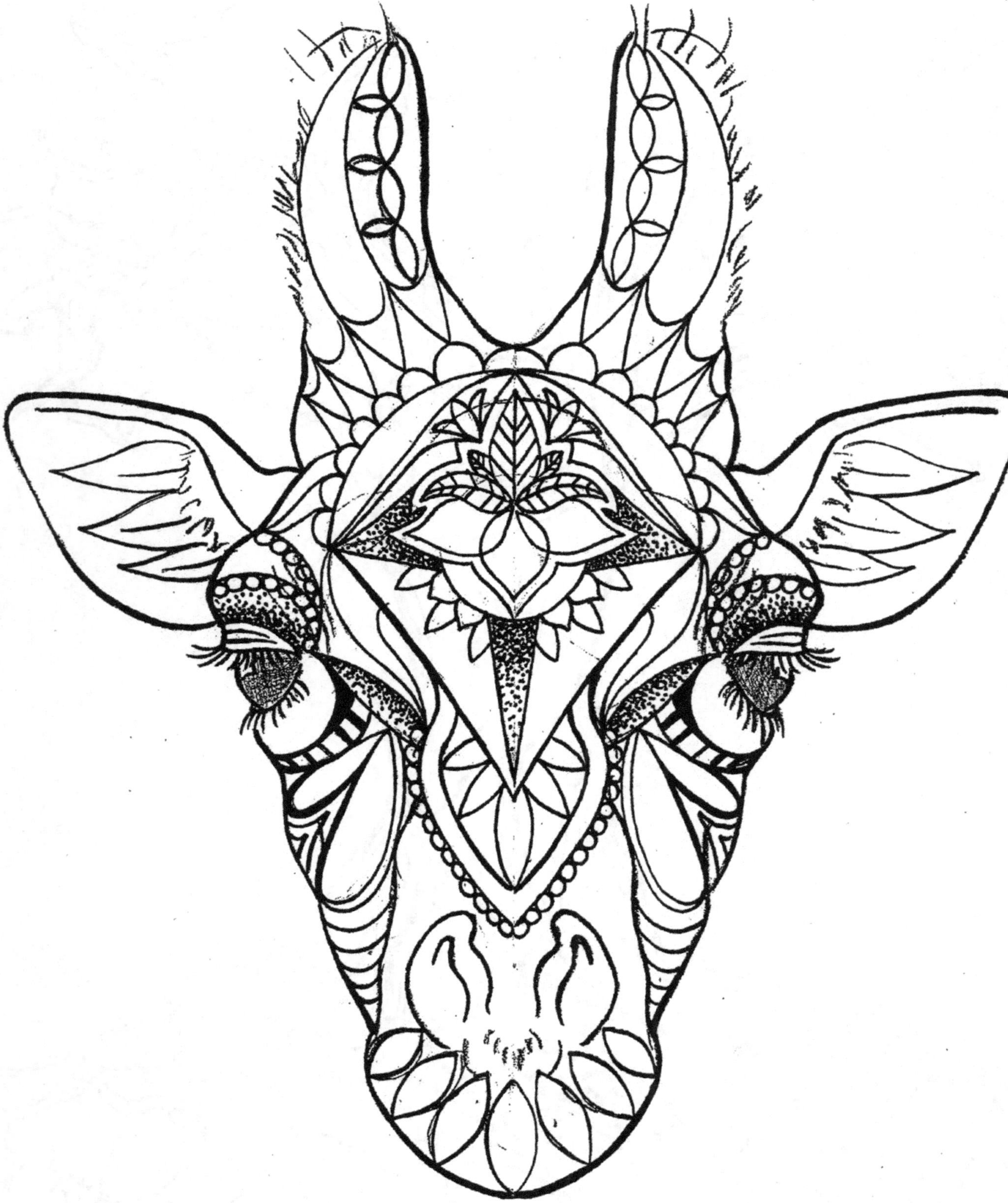

KATE

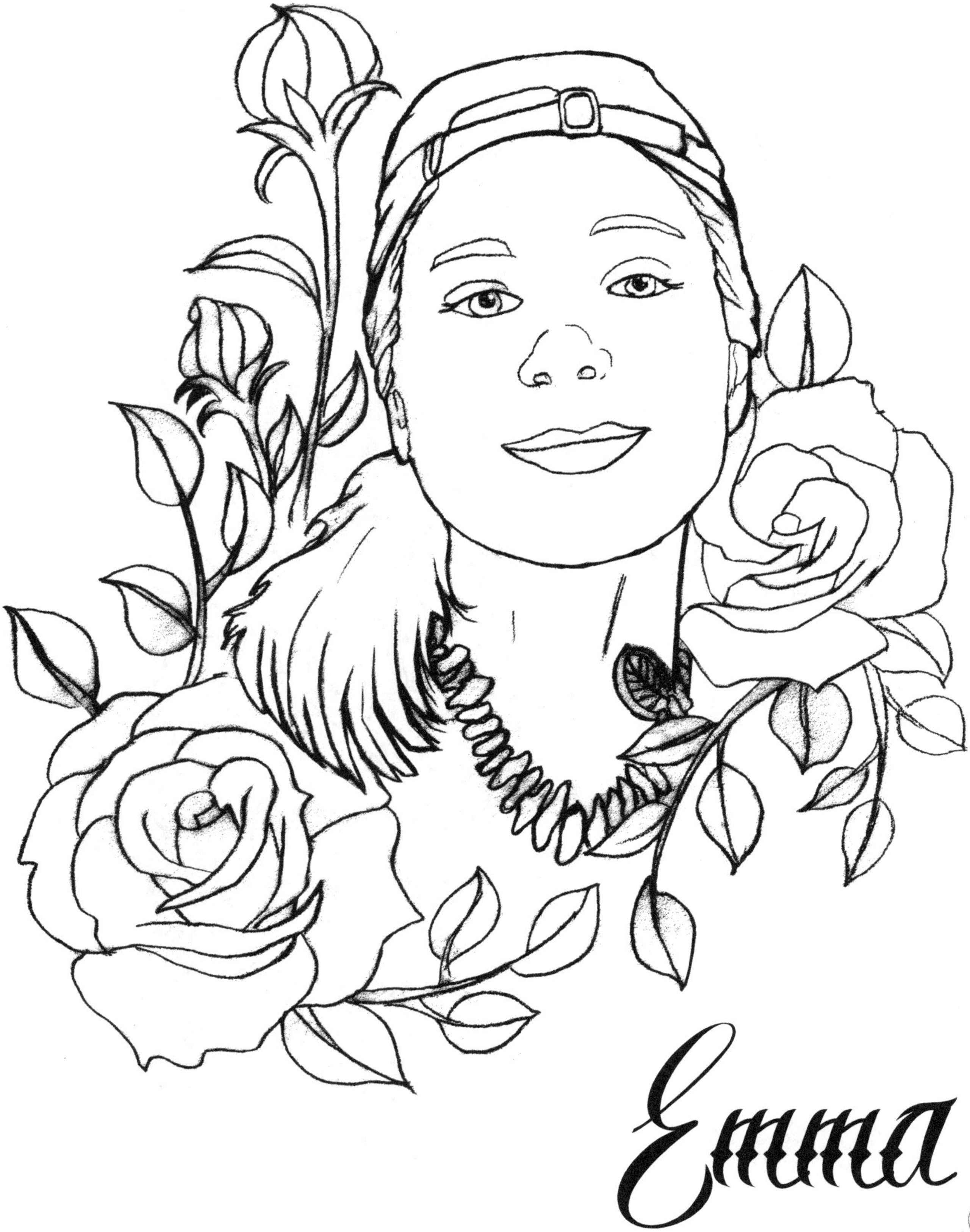

Emma

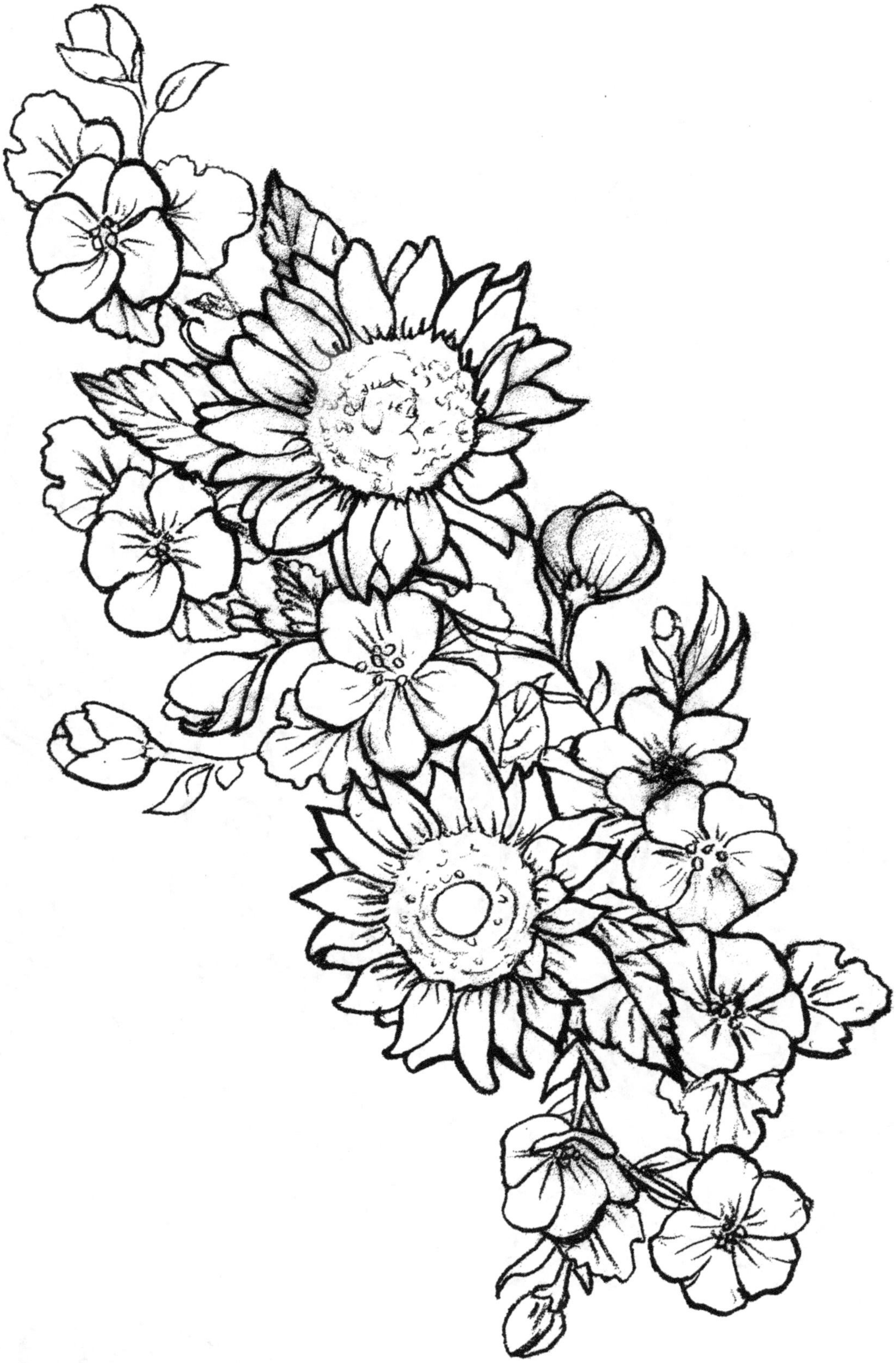

EMMA

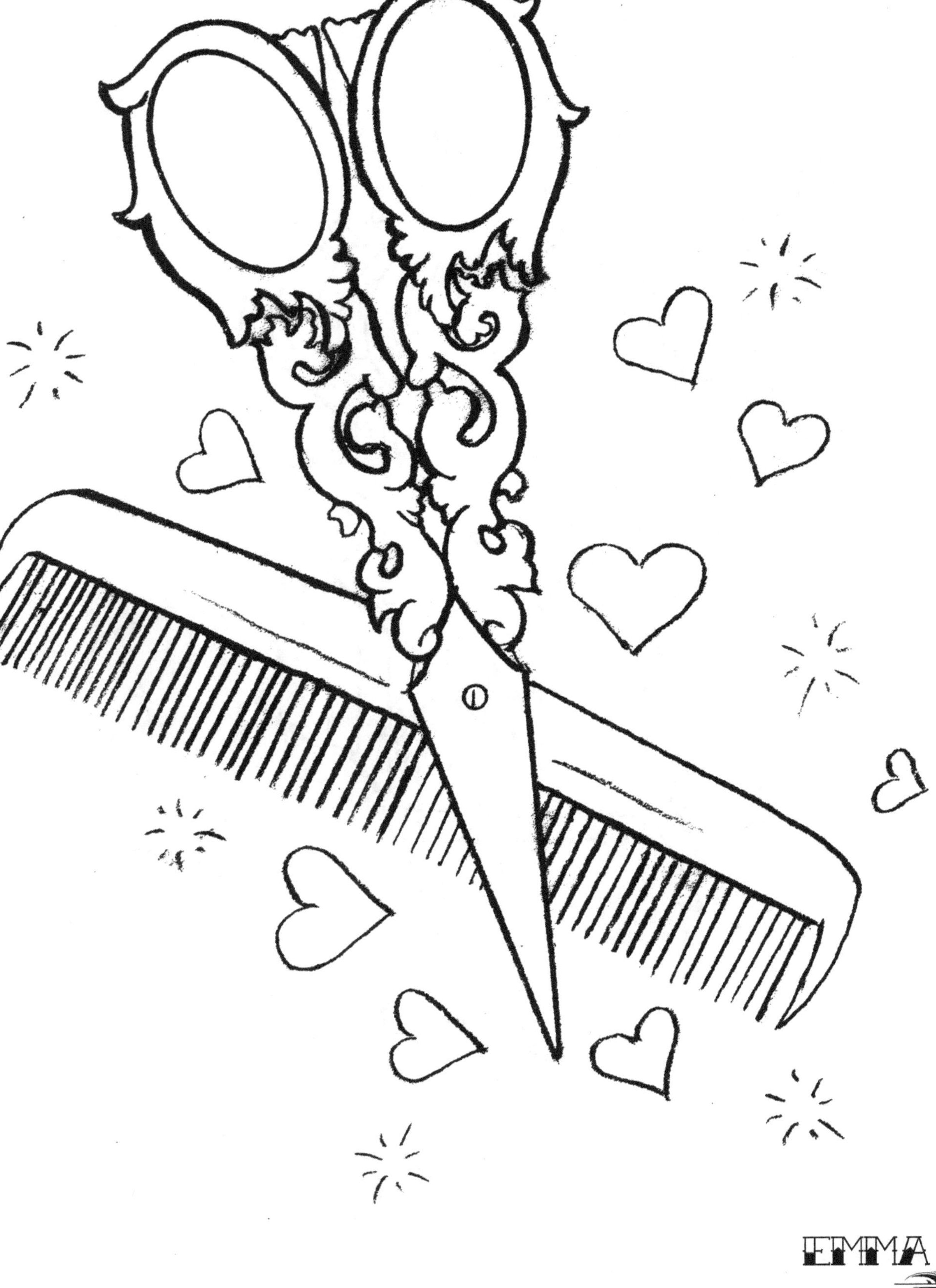

EMMA

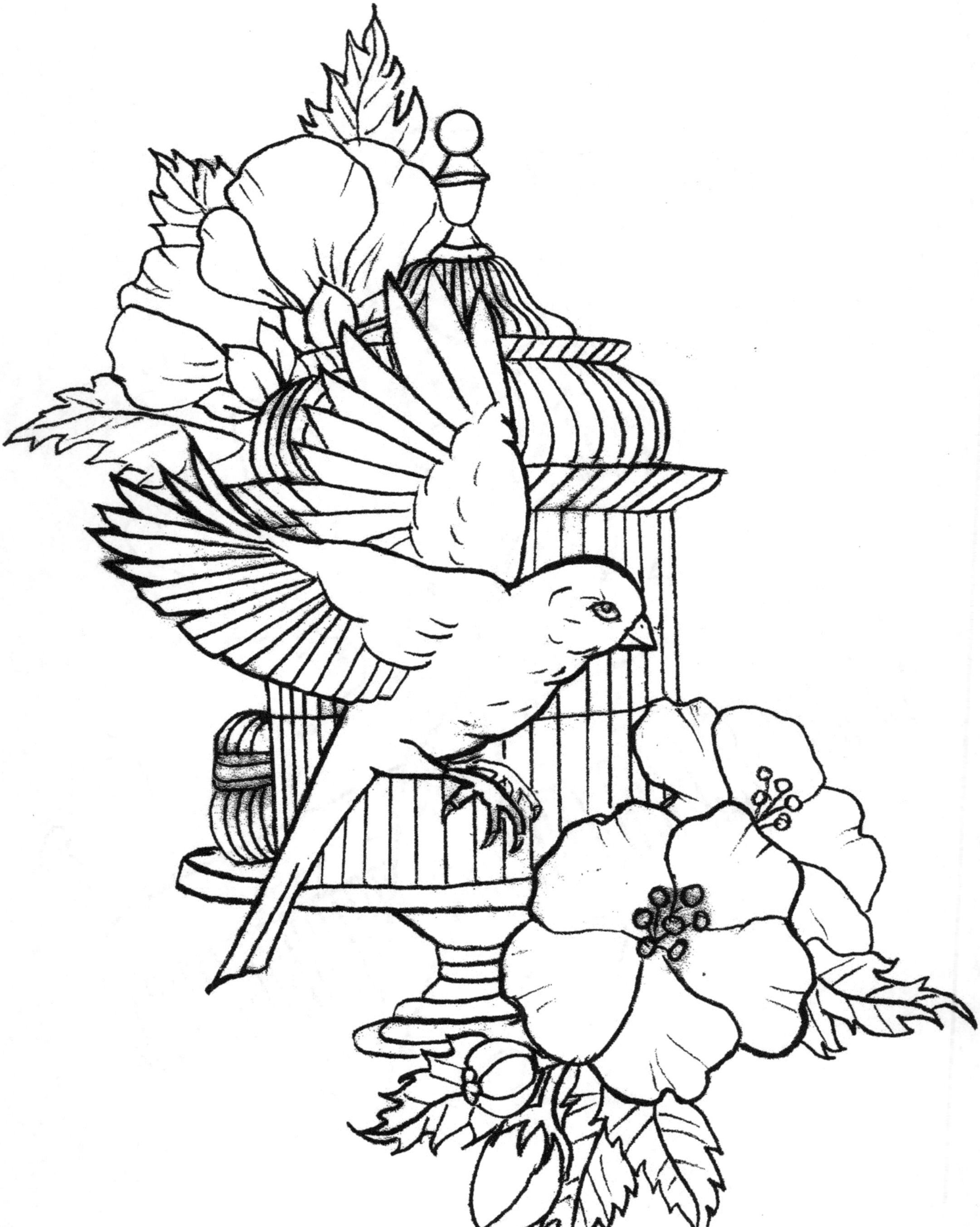

EMMA

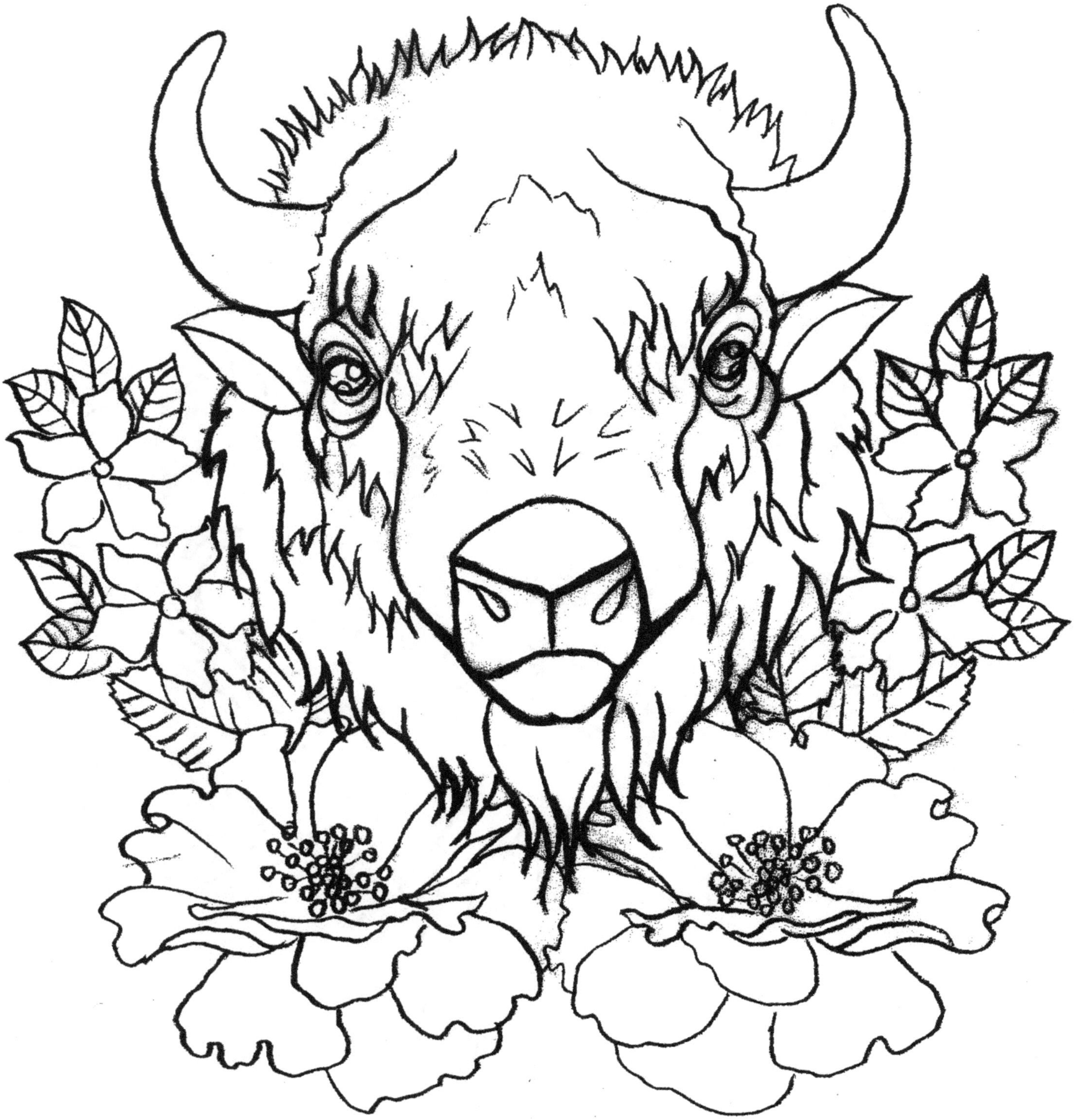

EMMA

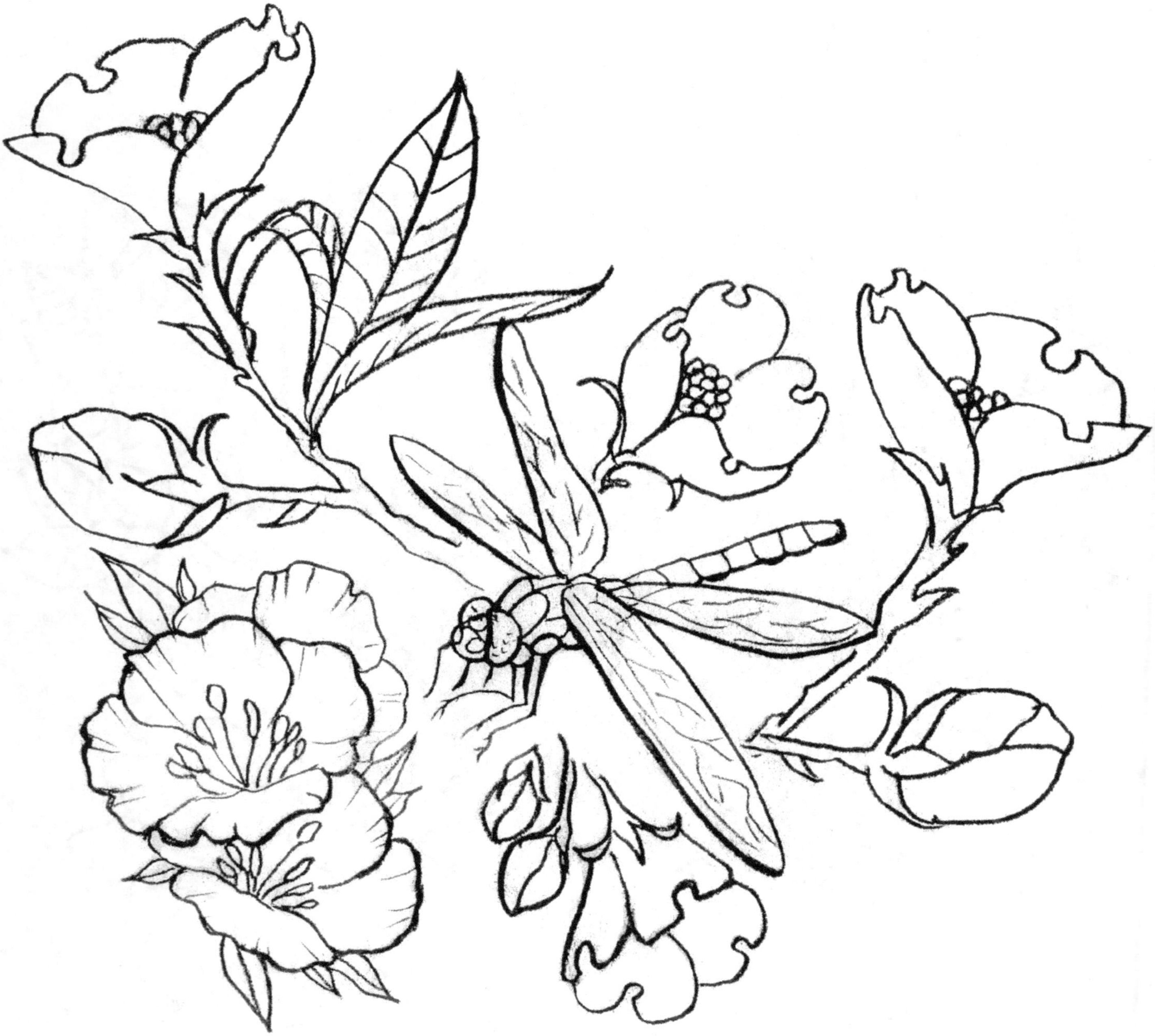

EMMA

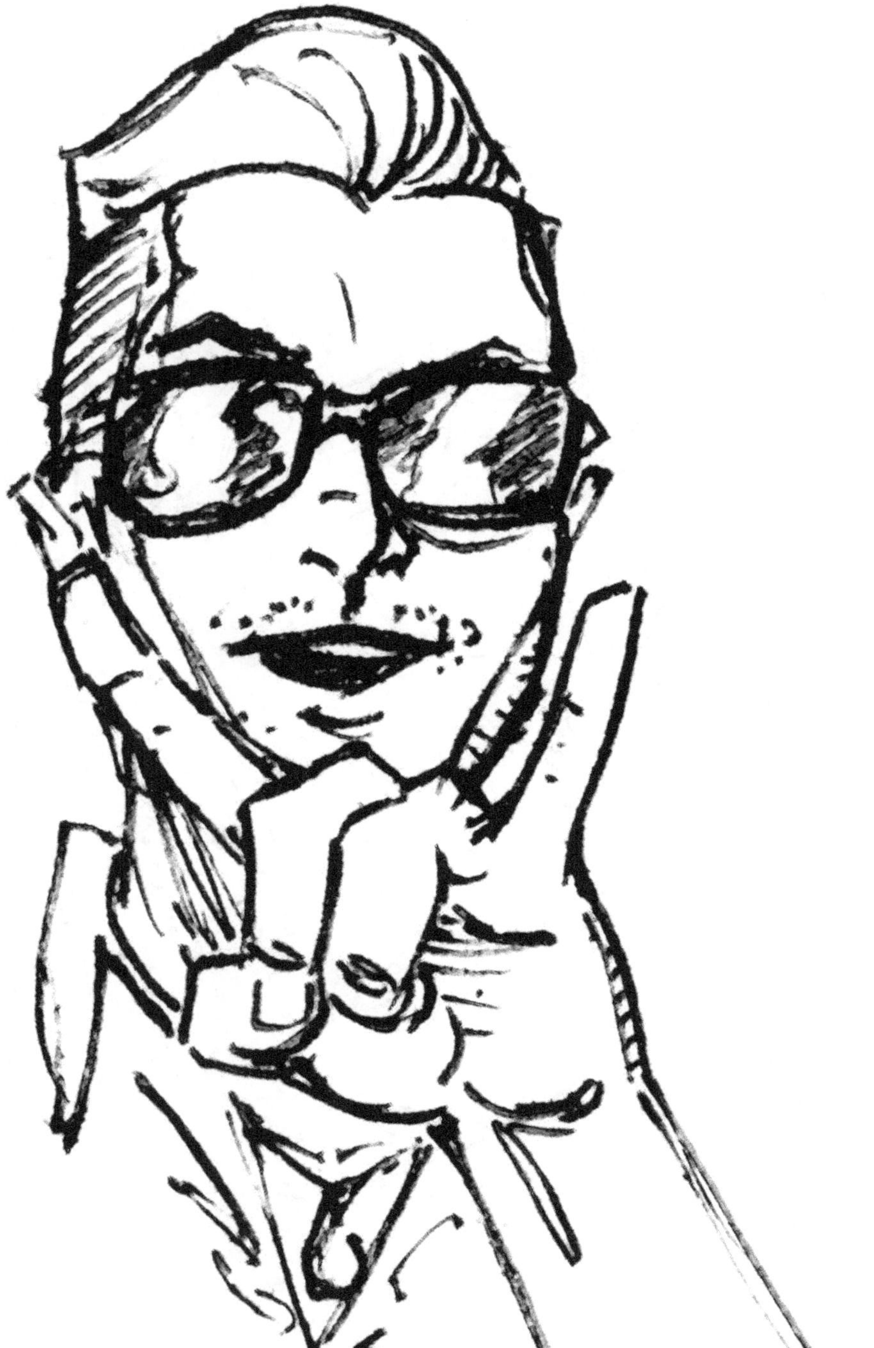

Jesse

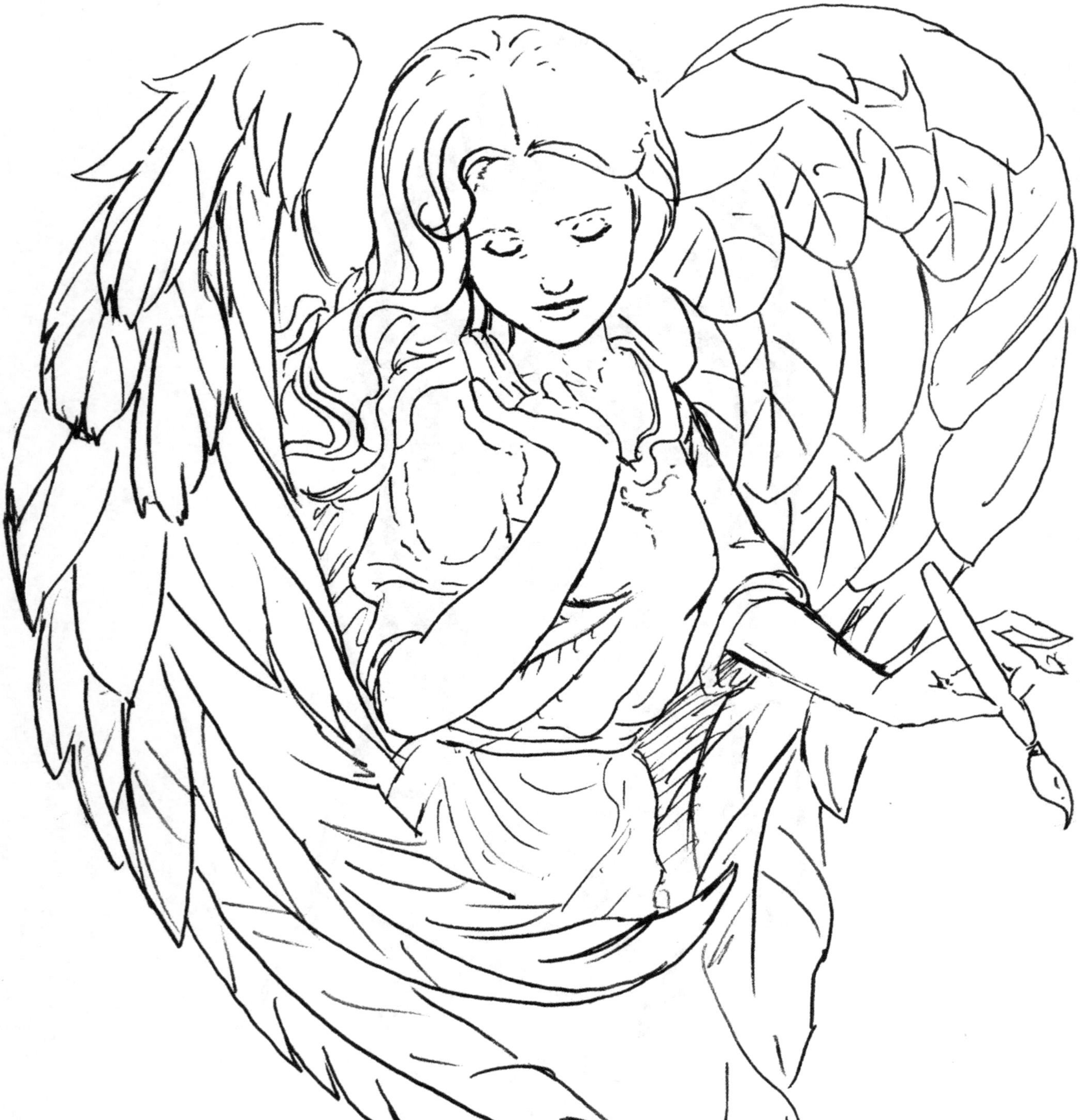

JESSE

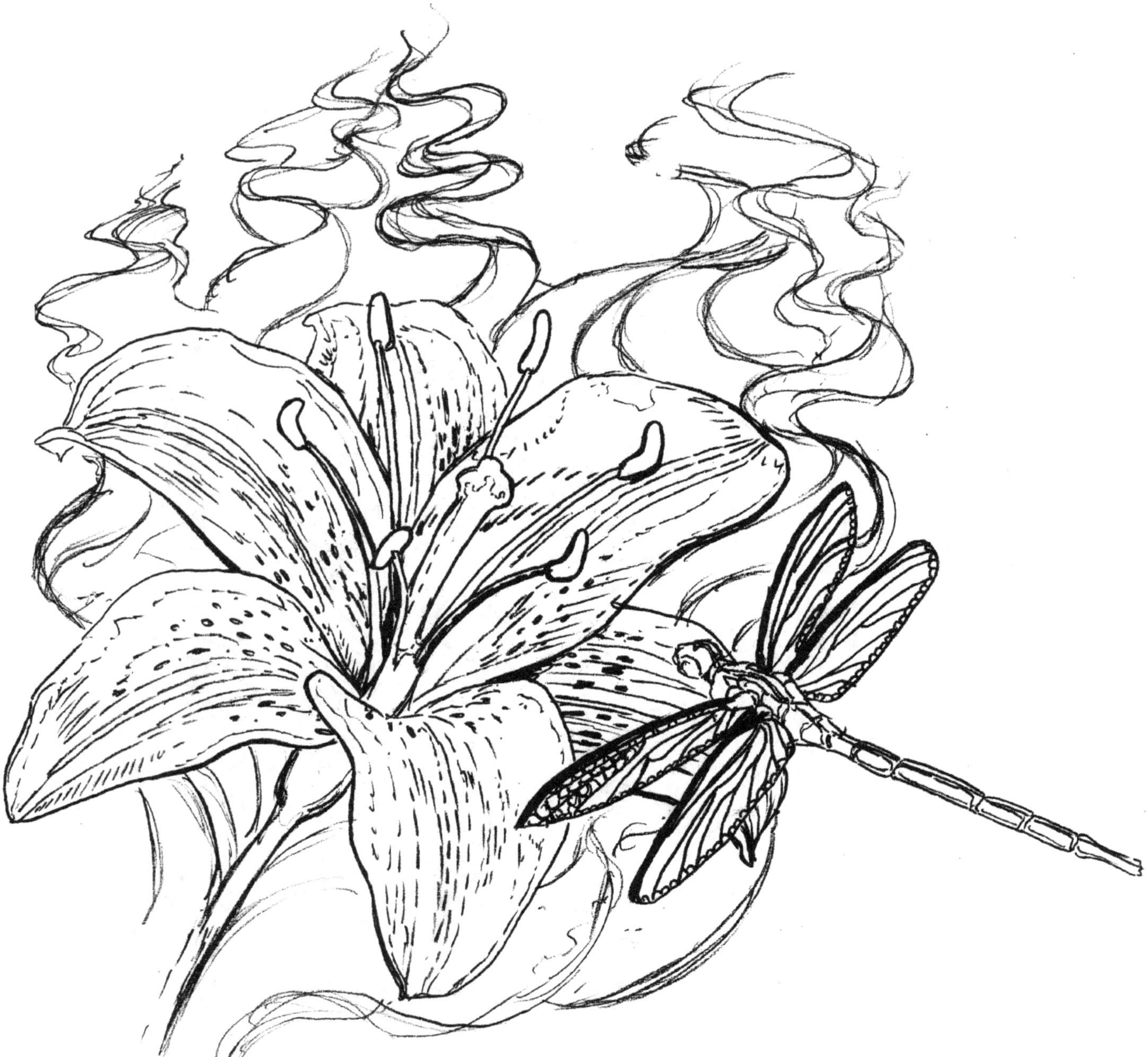

JESSE

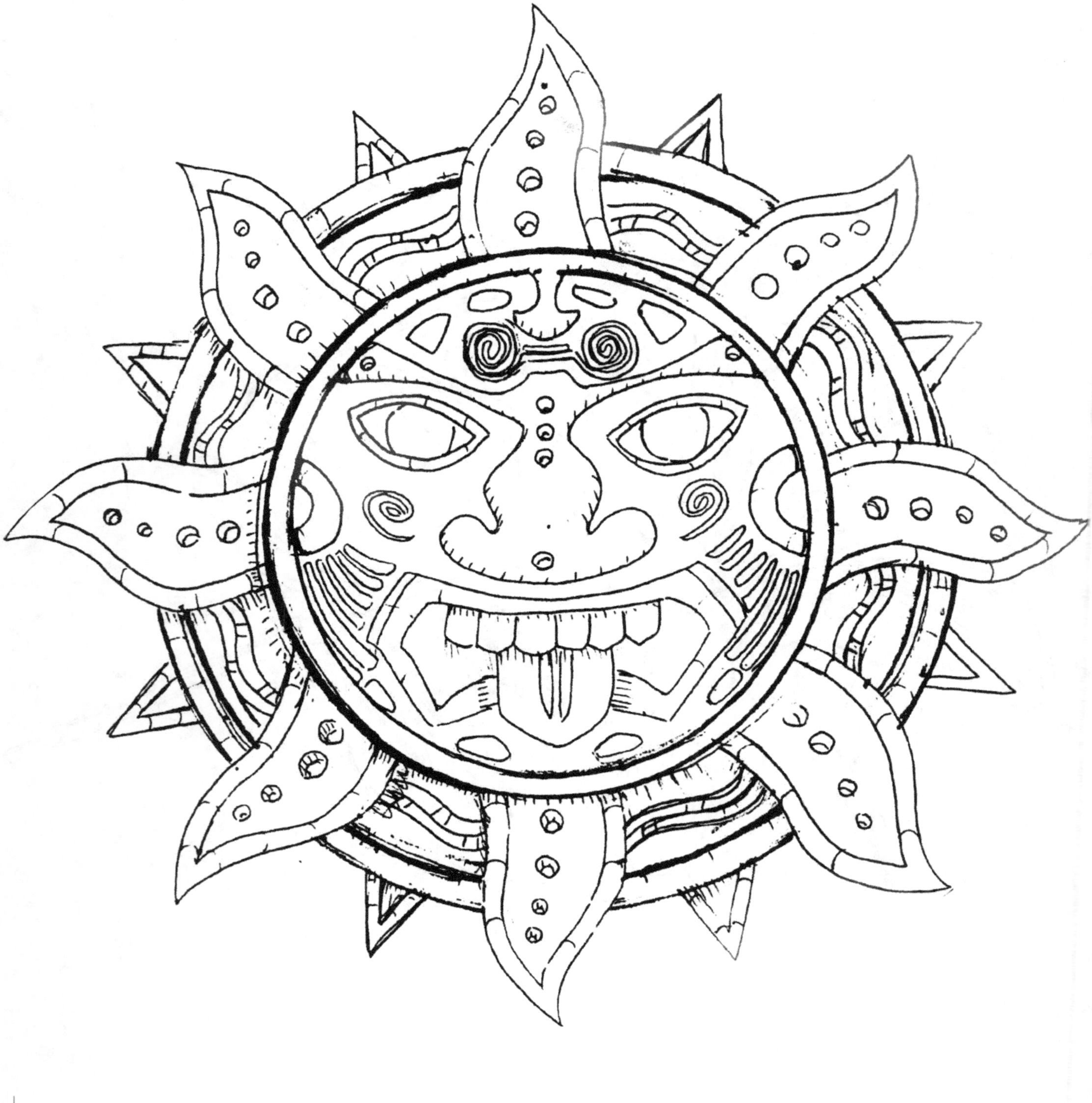

JESSE

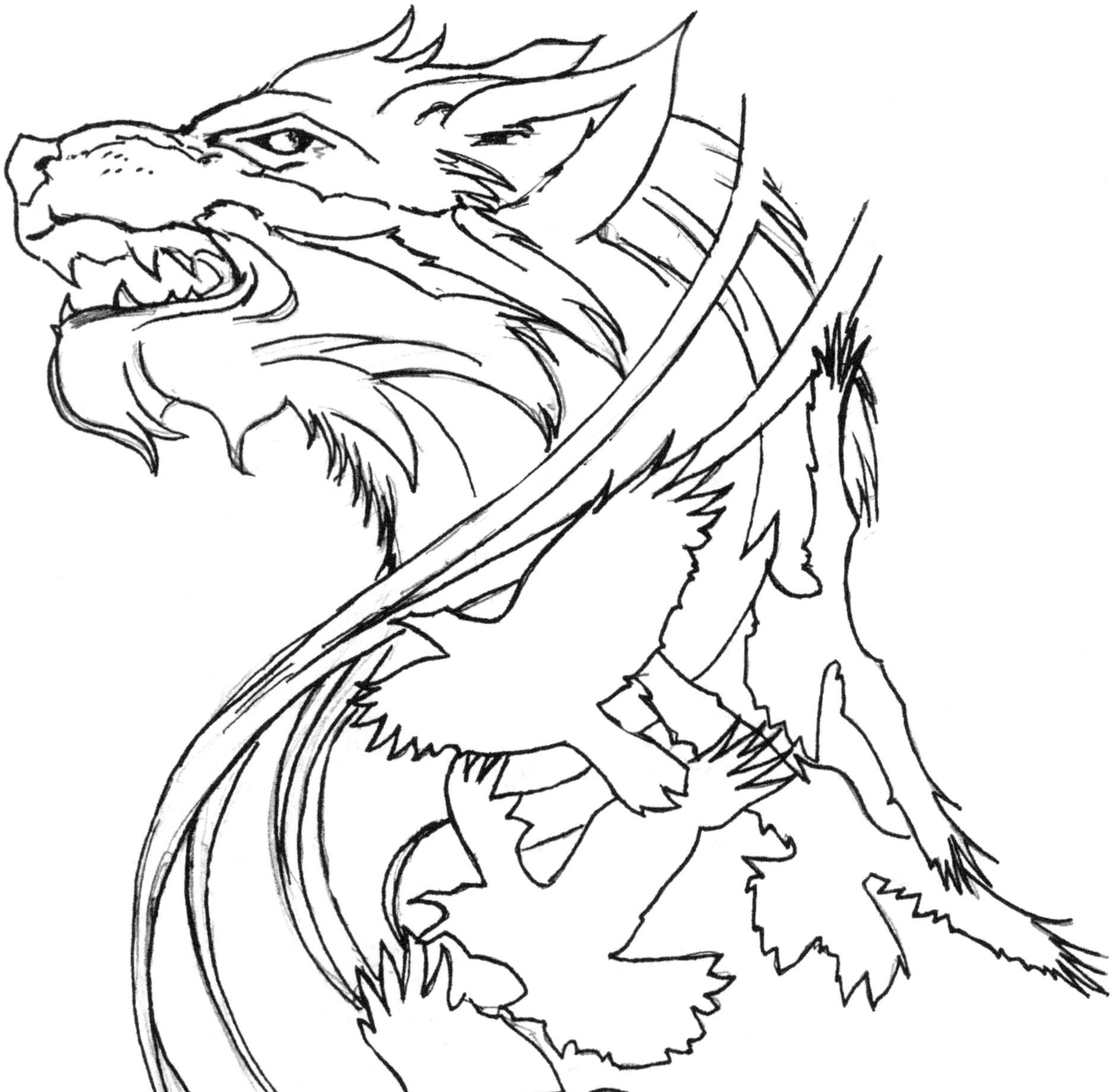

JESSE

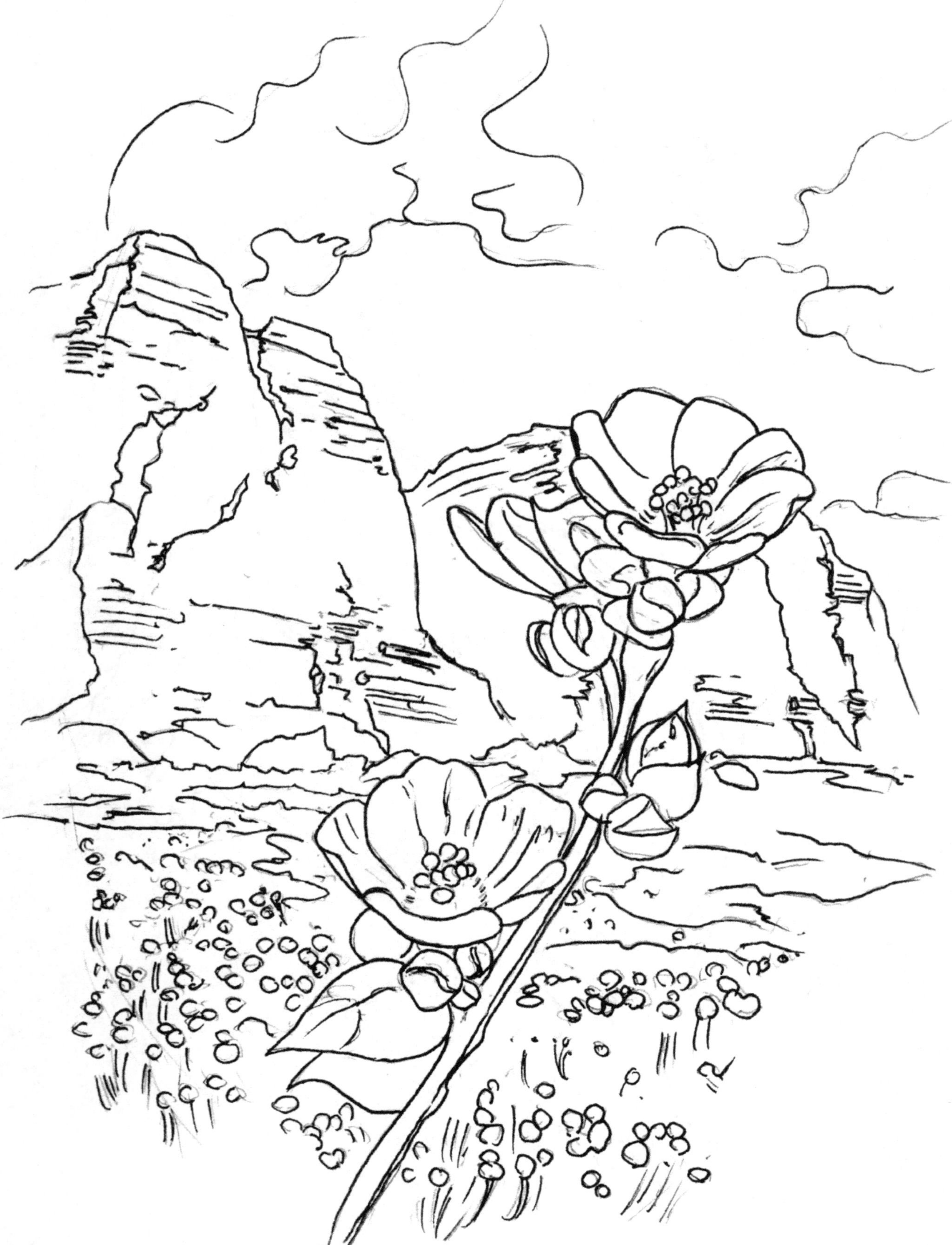

JESSE

www.ingramcontent.com/pod-product-compliance
Lightning Source LLC
Chambersburg PA
CBHW080630180526
45168CB00007B/3106
* 9 7 8 1 5 1 8 6 5 8 7 6 1 *